MANUEL DE AZEVEDO ANTUNES

REQUIEM POR VILARINHO DA FURNA
uma aldeia afundada

MANUEL DE AZEVEDO ANTUNES

REQUIEM POR VILARINHO DA FURNA
uma aldeia afundada

TÍTULO

REQUIEM POR VILARINHO DA FURNA
Uma Aldeia Afundada

Meia hora de leitura   Volume 2

2ª edição - 2014

1ª edição - 1994

Biblioteca da Universidade
Lusófona de Humanidades e Tecnologias

Largo do Sequeira, nº 7, Lisboa

Direitos de tradução, reprodução e adaptação
reservados para todos os países

Tiragem
500 exemplares

Orientação Geral
Victor de Sá
Carlos Carranca
e *Manuel Antunes*

Capa: *Hiroshi Umezaki* - 1994

Composição e impressão
G.C. Gráfica de Coimbra, Ld ª.

Depósito legal nº 84922/94

Vilarinho

A Luz que se desprende
na alma do granito
a janela é um grito
que ondula no azul

Que se eleva do avesso
sobre as águas do verão
a ausência que se ressente
na pedra
o reflexo da gente

Pedro d'Orey

REQUIEM POR VILARINHO DA FURNA
UMA ALDEIA AFUNDADA

1.- Enquadramento histórico-natural

Vilarinho da Furna era uma pequena aldeia da freguesia de S. João do Campo, situada no extremo nordeste do concelho de Terras de Bouro, distrito de Braga, na Peneda-Gerês, vizinha de Espanha.

A sua origem perde-se na bruma dos tempos. Segundo uma tradição oral, que eu mesmo ouvi dos mais antigos, teria começado a sua existência por ocasião da abertura da célebre estrada da Geira, que de Braga se dirigia a Astorga, num percurso de 240 Kms, e daqui a Roma. Estaríamos, segundo a opinião mais provável, pelos anos 70 da nossa era.

E é possível que alguns dos traços da maneira de viver do povo de Vilarinho se filiassem na cultura dos povos pastores e ganadeiros indo-europeus, provavelmente lá introduzidos por migrações pré-romanas e reforçados pelas invasões suevas.

Mas tudo o que hoje se pode dizer sobre o nascimento de Vilarinho da Furna se resume num levantar de hipóteses, num formular de perguntas que paira no ar, em busca de uma solução que ainda não se divisa.

Todavia, no meio de toda esta incerteza, um facto se apresenta incontestável: se não a sua origem romana, pelo menos a sua romanização. Aqui, como em muitas outras partes do império, os romanos chegaram, passaram e deixaram rasto. Atestam-no as duas vias calcetadas que davam acesso à povoação pelo lado sul e, sobretudo, as três pontes de sólida arquitectura: a Ponte do Eido, como lhe chamavam por unir as duas partes do lugar, separadas pelo Ribeiro de Furnas, formada por três arcos de diferentes dimensões; a Ponte do Couço, de todas a mais esbelta na simplicidade do traçado do seu arco, ligeiramente ogival, lançado sobre um profundo poço do Rio Homem, no caminho que de Vilarinho subia até ao Campo; e, finalmente, um pouco mais a montante, a Ponte Nova, talvez a mais recente de todas, constituída por dois arcos muito desiguais.

Já lá vão quase dois mil anos!... Passado obscuro, quase sem história, é o passado de Vilarinho da Furna. Não fosse a sua riqueza etnográfica e a construção da barragem que pôs termo à sua existência e Vilarinho da Furna seria hoje uma aldeia esquecida, anónima como o seu passado, qual pérola perdida na vastidão das serras do Minho. Mas tal não aconteceu porque os olhos dos etnólogos descobriram em Vilarinho uma relíquia da velha organização comunitária, hoje agonizante, mas outrora muito difundida na Europa. Mesmo sem ser um caso único, o comunitarismo de Vilarinho era, pelo menos, um caso invulgar.

Fruto, em grande parte, do condicionalismo imposto pela serra áspera e vasta a um povo sedentário e agrícola, possivelmente havia pouco saído do nomadismo pastoril, esse sistema comunitário conseguiu sobreviver até aos nossos dias devido à sua organização interna e ao isolamento a que Vilarinho ficou votada durante longos séculos.

Engastada entre montanhas, sem outros horizontes que não fossem os píncaros da serra erguidos para o céu azul, Vilarinho era, no dizer de alguém "uma ilha da Ribeira no oceano revolto das agrestes montanhas graníticas" (1).

Este, em traços gerais, o quadro natural em que Vilarinho nasceu, viveu e morreu.

2.- As Raízes Comunitárias da Peneda-Gerês

Como é sabido, quando a conquista romana da Península Ibérica se inicia, em 218 A.C., com o desembarque das tropas de Cneu Cipião em Ampúrias, na actual região de Barcelona, já a Península era habitada por diversos povos. E, no que viria a ser o território português, encontramos, por essa altura, três grandes grupos étnicos: os **Conii**, a sul do Tejo; os **Lusitanos**, entre o Tejo e o Douro; e os **Calécios**, a norte do rio Douro (2).

Foi, aliás, a *Callaecia,* juntamente com a *Asturia* e a *Cantabria*, a última zona do actual território

9

português a ser conquistado por Roma, nas campanhas de 26 e 25 A.C., cerca de duzentos anos após o início da ocupação romana da Península Ibérica.

Mas os restos da arquitectura megalítica (que do norte de Portugal parece ter irradiado para a Galiza, Bretanha, Irlanda, etc.), com os seus dólmenes e cistas, menhires e arte rupestre, dos finais do Neolítico ou inícios da Idade do Bronze, testemunham bem a presença humana na Peneda-Gerês, pelo menos desde há 5000 anos A.C.

Presença essa que se acentuou por toda a Idade do Bronze e do Ferro, com a ocupação dos pontos altos como Castro Laboreiro, Castro de Calcedónia, Outeiro do Castro, etc., etc. É a época dos **Castros Galaico-Portugueses**, de influência Celta, oriunda da Europa Central, que dos séculos VIII a III A.C. se expandiu por toda a Península (3).

A posterior romanização da nossa terra trouxe consigo, além das transformações político-admi-nistrativo-culturais, uma profunda modificação no regime de propriedade. De facto, com o deslocamento das populações castrejas — onde dominava a propriedade comunitária — para as terras férteis dos vales, junto aos rios, deu-se uma ocupação individualista do solo, bem típica do modo de produção romano. O que implicou uma radical transformação na economia local, até então essencialmente pastoril, para se tornar predominantemente agrícola. Tendo como consequência imediata um progressivo enfraquecimento do regime comunitário das nossas populações.

E haverá que esperar pelas invasões germânicas, a partir dos princípios do séc. V da nossa era, para voltar ao incremento do comunitarismo, de que ainda restam alguns traços pela nossa terra.

A primeira grande leva de germanos, constituída por Vândalos, Suevos e Alanos, chegou à Península no ano de 409. Repartidos entre eles os territórios a ocupar, pela Peneda-Gerês ficaram principalmente os Suevos, que estabeleceram a sua capital em Braga, de onde estenderam o seu reino para o sul, vindo a nele incorporar toda a orla ocidental da Lusitânia até ao Tejo.

Embora a capital do novo estado suevo continuasse a ser Braga, com a expansão para sul, **Portucale,** pequena cidade na margem esquerda do Douro, fundada em 138 A.C. pelo cônsul romano Décio Júnio Bruto, viu crescer a sua importância e nela residiram, por vezes, alguns reis suevos. E **Portucale** passou cada vez mais a designar o vasto território, a norte e sul do rio Douro, englobando parte da **Calécia** e da **Lusitânia** para, mais tarde, dar o nome ao nosso próprio país (4).

O reino suevo durou 177 anos, de 409 a 585, altura em que foi conquistado pelos Visigodos. Mas os

11

povos vencidos mantiveram sempre uma relativa independência, a ponto de os reis vencedores se intitularem "Reis dos Visigodos e dos Suevos", até à conquista muçulmana, no séc. VIII (5). A que se sucedeu, como sabemos, a dita "reconquista cristã", que havia de conduzir, além do mais, à criação do reino de Portugal, no séc. XII.

De entre os Suevos, um grupo nos merece especial atenção. Trata-se dos **Búrios** que, originários da Germânia, dos vales superiores dos rios Óder e Vístula, se vieram cá estabelecer entre os rios Homem e Cávado. A própria toponímia ainda hoje assinala a presença deste povo: Santa Maria de Bouro, Santa Marta de Bouro, Carrazedo de Bouro, etc., etc., enfim, Terras de Bouro.

Aos Búrios se refere já Cornélio Tácito, escritor romano da segunda metade do primeiro século da nossa era, no seu livro *Germania* (6). Nota Tácito, entre outras características dos Búrios, a sua independência, o seu espírito guerreiro e o gosto de cavalgar no **"burricus"**, não tão elegante como o cavalo romano, mas muito mais adaptado à rudeza das montanhas. Desse **"burricus"** nos ficou até hoje o nosso garrano e, com certeza, a paixão de cavalgar da nossa gente, por montes e vales, feiras e romarias.

Com os Búrios e demais germanos, radica-se o comunitarismo na nossa terra. É que, ao contrário dos romanos, exímios defensores da propriedade privada, os germanos valorizavam sobretudo a propriedade colectiva. Donde resultou o sistema de vida comunitário que ainda hoje mantém alguns dos seus traços característicos nas nossas comunidades montanhesas.

3.- Para uma Caracterização do Comunitarismo na Peneda-Gerês

Os traços fundamentais deste sistema comunitário situam-se ao nível das condições económicas e da organização social.

3.1.- As Condições Económicas

As condições económicas desta área têm a ver, essencialmente, com a distribuição/exploração da propriedade. Assim, no que respeita à posse da terra, nas comunidades rurais, deparamos com uma propriedade privada, diferentemente repartida por vários detentores. Mas este tipo de propriedade tem, no entanto, o seu complemento numa outra propriedade colectiva, constituída pelos logradouros comuns, onde todos os moradores vizinhos podem apascentar os seus gados, roçar os matos, cortar lenhas, etc., de acordo com normas previamente definidas e democraticamente aceites.

De facto, foi, durante séculos, até aos nossos dias, das terras aráveis e dos montes agrestes que as populações da Peneda-Soajo-Amarela-Gerês extraíram a maior parte dos seus recursos, tanto individuais como colectivos.

Como refere Jorge Dias, "quando estudei Vilarinho da Furna, aldeia situada num vale da serra Amarela, impressionou-me o papel que a natureza desempenhava na vida da comunidade. A sua agricultura e a sua economia pastoril eram uma maravilha de adaptação à variedade de condições oferecidas pela mobilidade do relevo, tipos de terrenos, existência ou ausência de águas de rega, etc. Evidentemente que a natureza não exigia uma única forma de adaptação, mas a que eles escolheram foi das mais adequadas" (7).

E não se pense que os nossos antepassados foram um povo de miseráveis. Recordemos, a propósito, o testemunho do alemão LINK, quando no séc. XVIII passou por Vilarinho da Furna: "Vilarinho tem muitos habitantes ricos. (...). Tivemos de nos hospedar em casa dum habitante muito abastado, que nos indicou o guia, por não haver estalagem. (...) . Os presuntos, o leite, a manteiga eram bons e em abundância. Tivemos ocasião de ver que a numerosa família do nosso hospedeiro vivia bem e comodamente, e que muitos camponeses alemães teriam motivo de invejar tal abastança. Prepararam-nos camas muito boas com lençóis brancos e limpos. Não esperávamos encontrar tais coisas numa casa daquelas..." (8). O mesmo se poderia dizer de toda a área da Peneda-Gerês. É o testemunho de um germano sobre outros ex-germanos, um e outros descendentes de antepassados comuns!...

Todo o condicionalismo ecológico da nossa terra constituiu condições para uma actividade económica *sui generis* de interdependência entre os vastos maninhos serranos e a superfície agricultada. Dessa inter-relação surgira, em toda essa vasta zona, de Castro Laboreiro a Montalegre, uma abundante pecuária de gado caprino, lanígero e bovino que, além de constituir uma importante fonte de recursos económicos para a população, possibilitara importantes fertilizações orgânicas para a superfície agrícola aproveitada.

A vasta extensão dos terrenos maninhos corresponde a uma grande variedade de pastagens que determinam diferentes formas de pastoreio, conforme os tipos de gados e as diferentes épocas do ano.

Mas esta estrutura agro-pastoril foi-se tornando cada vez mais insuficiente para satisfazer as necessidades crescentes de uma população que, durante séculos, vivera em quase completa auto-suficiência.

A crescente pressão demográfica levara a uma excessiva divisão da propriedade minifundiária, acompanhada de um encarecimento dos prédios, que ocasionara uma supervalorização incomportável para a rentabilidade da terra ou do trabalho. E os estímulos que os actuais meios de comunicação também aqui fizeram chegar, suscitaram o aparecimento de novas necessidades que o rendimento dos recursos locais nem sempre permitem satisfazer. O que, aliado às agressões político-administrativas do exterior, levou muitos a procurar um complemento económico noutras actividades, nomeadamente na emigração, do séc. XIX a esta parte, nas obras públicas, no turismo, enfim, nos sectores secundário e terciário. O que acarretou, naturalmente, alterações no sistema comunitário das nossas gentes.

3.2.- A Organização Social

As actividades económicas das nossas comunidades serranas, entre as quais se contava Vilarinho da Furna, desenvolveram-se num quadro típico de organização social, intimamente ligado às condições ambientais. Embora a natureza não exigisse uma única forma de adaptação, a escolhida, com as suas variantes, foi, certamente, das mais adequadas.

A base dessa organização assenta na assembleia dos representantes das várias famílias da povoação, que reúne com uma certa periodicidade. Em Vilarinho reunia-se geralmente às Quintas-Feiras, embora o pudesse fazer noutros dias, sobretudo de noite, se assim o exigissem as circunstâncias.

Essa assembleia, chamada Junta, Acordo, Conselho, etc., é a herdeira do antigo *conventus publicus vicinorum* (assembleia pública dos vizinhos) do reino visigótico. É nessa assembleia que se analisam, até à exaustão, os problemas que a todos dizem respeito, e se decidem, por vontade expressa da maioria, as soluções a adoptar.

16

A Junta era a mais perfeita expressão da Democracia Popular.

Essa assembleia era dirigida por um Juiz, Zelador, Juiz de Vintena, Procurador, Mordomo, Chamador, ..., que tanto podia ser eleito como escolhido rotativamente, entre os membros da assembleia, por um determinado período.

Em Vilarinho da Furna, o Juiz ou Zelador, totalmente independente das autoridades administrativas oficiais, era obrigatoriamente escolhido para um reinado de seis escassos meses, entre os homens casados da Junta, segundo a lista dos seus casamentos.

E era ao Juiz que competia convocar a Junta, através de um toque convencional de buzina ou chifre de boi, e fazer a chamada. Um secretário improvisado anotava as presenças e ausências. Aquele que, sem justificação, não estivesse presente à segunda chamada, era multado. Caso a ausência se prolongasse por todo o dia, a multa, além de ser maior, implicava geralmente um dia de trabalho que o multado devia dar à comunidade.

Feita a chamada, o Juiz passava à aplicação das multas àqueles que transgrediram o código a partir da última Junta. A estas multas nem o próprio Juiz se podia furtar. No entanto, era sempre garantido a qualquer um o direito de defesa e de acusação públicas.

Vinha, depois, a apresentação dos problemas. Todos, um de cada vez, iam ser animada e calorosamente discutidos, chegando-se sempre a uma solução prática a tomar, de acordo com a vontade expressa da maioria. Em caso de empate, cabia ao Juiz tomar a decisão.

Quando fosse preciso estabelecer novas multas, era aos Seis, espécie de câmara legislativa auxiliar do Juiz, formada por seis membros, e, como ele, escolhidos por um período de seis meses, que cumpria determinar a quantia e as condições das mesmas.

As penas mais graves podiam ir até à expulsão de vizinho, verdadeira condenação ao ostracismo, em casos de manifesta rebeldia no acatamento das normas da terra.

Eram muitos e variados os trabalhos que se apresentavam à Junta, periódicos uns, extraordinários outros. Assim, ela tinha que tomar medidas acerca da reparação e abertura de caminhos, organização da vida pastoril, distribuição das águas de rega, divisão dos matos a roçar, madeiras a cortar, montarias aos lobos, marcação das vindimas, etc., etc., e, ultimamente, nos últimos anos da vida de Vilarinho, estabelecer a melhor estratégia de luta contra a Companhia construtora da barragem, o único inimigo que se lhe apresentou como invencível.

Esta organização, que, durante séculos, na Peneda-
-Gerês, passou de geração em geração através dos
usos e costumes, foi, a partir do séc. XVIII, objecto de
contratos por escrituras públicas dos moradores de
diversas povoações, feitas em tabelião. Assim
aconteceu, por exemplo, em: Seara, Rio Caldo, em
1778; Paredes, Rio Caldo, em 1800; Covide, em 1802
e 1861; Rio Caldo, em 1811 e 1884; Vilarinho da
Furna em 1841; S. João do Campo, em 1857; etc. (9).
São já os efeitos da centralização po-
lítico-administrativa também aqui a se fazer sentir.

4.- A Decadência Comunitária

A partir do séc. XIX, as nossas comunidades
rurais começam também elas a ser cada vez mais
objecto de uma profunda transformação sócio-polí-
tico-económica.

O espírito individualista da época, a par do reforço
dos poderes político-jurídico-administrativos do
Estado e Municípios, também aqui fez chegar as suas
consequências. E o crescimento demográfico, aliado
à expansão agrícola, teve a sua quota parte de
responsabilidade neste processo.

Neste contexto, são sintomáticas as palavras de
Alexandre Herculano: "A existência de baldios
municipais, dos pastos comuns, é um dos mais graves
embaraços ao progresso da agricultura entre nós" (10).

Este pensamento fisiocrático-liberal levou à produção da mais diversa legislação sobre os baldios, toda ela apontando para a sua desintegração: divisão dos baldios pelos moradores vizinhos e transferência da administração dos baldios para as Câmaras Municipais (11).

Como se isso não bastasse, é o próprio Estado que, a partir de 1888, inicia a usurpação, pela força das armas, dos 10.000 hectares da serra do Gerês, tentando arrancá-los às populações que os geriam e fruíam desde tempos imemoriais (12).

Esta política de usurpação foi continuada até aos nossos dias, com o alargamento dos Serviços Florestais pela área da Peneda-Soajo-Amarela-Gerês, sobretudo a partir da década de 40, do século passado. E o próprio Parque Nacional da Peneda-Gerês, criado em 1971, para realizar "um planeamento científico a longo prazo, valorizando o homem e os recursos naturais existentes, tendo em vista finalidades educativas, turísticas e científicas" (13), não concretizou nenhum desses objectivos, quase se limitando a proibir e/ou dificultar a iniciativa local.

Pior ainda foi a construção de várias barragens, nos rios Cávado, Rabagão, Homem e Lima, com a destruição de aldeias inteiras, sem quaisquer benefícios para as populações locais, constituindo a machadada final no nosso sistema comunitário, nos nossos sistemas ecológicos, enfim, no nosso milenar equilíbrio Homem/Natureza.

Mesmo as comunidades ainda sobreviventes estão, neste momento, encurraladas entre a água das albufeiras e os pinheiros dos florestais (14). Com a ameaça de um Plano de Ordenamento do Parque Nacional da Peneda-Gerês para fazer mais uma coutada, à revelia das nossas populações.

Nestas condições, não há cultura, não há ecossistema, não há ambiente, não há desenvolvimento, não haverá Parque Nacional que resista!...

O Quadro seguinte, sobre o Índice de Rendimento e o Índice de Conforto dos cinco concelhos do Parque Nacional da Peneda-Gerês documenta que a nossa terra é hoje uma das zonas mais subdesenvolvidas do país:

CONCELHO	ÍNDICE DE RENDIMENTO	ÍNDICE DE CONFORTO
VIANA DO CASTELO	8.43	7.93
MELGAÇO	1.00	0.61
ARCOS DE VALDEVEZ	1.46	1.63
PONTE DA BARCA	0.77	0.73
BRAGA	12.37	17.19
TERRAS DE BOURO	0.54	0.60
VILA REAL	4.28	4.38
MONTALEGRE	0.72	1.85
LISBOA	190.79	145.65

Dados em ‰ .

Fonte: MARKTEST, Base de Dados do *Sales Index - Análise do Poder de Compra Regional,* 1993.

21

Uma simples leitura deste Quadro revela-nos a distância a que os concelhos que integram o Parque Nacional da Peneda-Gerês se situam dos respectivos concelhos capitais de Distrito e capital do País. E o que não seria se descêssemos ao nível das povoações que ficam adentro do Parque?!...

Em consequência, há uma fuga massiva da nossa população, como se documenta no seguinte Quadro:

CONCELHO	POPULAÇÃO RESIDENTE 1981	POPULAÇÃO RESIDENTE 1991	▲(19981/1991) %
MELGAÇO	13246	11018	-16.8
ARCOS DE VALDEVEZ	31156	26976	-13.4
PONTE DA BARCA	13999	13142	- 6.1
TERRAS DE BOURO	10131	9406	- 7.2
MONTALEGRE	19403	15464	-20.3
TOTAL	**87935**	**76006**	**-13.6**

Fonte: Instituto Nacional de Estatística, *Censos 91, Norte, Resultados Definitivos*, Lisboa, Outubro 1993, pp. 48-49.

Como podemos ver, assistiu-se, numa simples década, a uma diminuição de 11 929 pessoas, mais do que a actual população do concelho de Melgaço e muito superior à população do concelho de Terras de Bouro. Superior ainda à população actualmente residente na área do Parque Nacional da Peneda-Gerês!...

Nestas circunstâncias, é mesmo de perguntar:
- Que desenvolvimento para a Peneda-Soajo-
-Amarela-Gerês?

22

Pensamos que não há outra alternativa que não seja um Desenvolvimento Sustentável da nossa terra, o mesmo é dizer, um aproveitamento e valorização dos nossos recursos pelas populações, com as populações e para as populações, no equilíbrio Homem/Natureza, sem comprometer o futuro das gerações vindouras. E definitivamente sem o Estado que, além de ser um mau capitalista e um péssimo socialista, foi e é — alguma vez deixará de o ser? — o principal delapidador da Natureza.

5.- A Destruição de Vilarinho da Furna

O espectro da barragem que pairava sobre Vilarinho caiu sobre a povoação como um abutre esfaimado.

A companhia construtora da barragem chegou, montou os seus arraiais e meteu mãos à obra. Esta surgiu progressiva e implacavelmente.

O êxodo do povo de Vilarinho pode localizar-se entre Setembro de 1969 e Outubro de 1970, quando, na aldeia, foram afixados os editais a marcar o tapamento da barragem. De um ano dispuseram, pois, os habitantes de Vilarinho para fazer os seus planos, procurar novas terras e proceder à transferência dos seus móveis.

As 57 famílias que habitavam esta povoação procuraram fixar-se noutras paragens, investindo geralmente na agricultura os parcos contos de uma escassa indemnização que receberam da então Companhia Portuguesa de Electricidade. Pelo conjunto de toda a aldeia, e respectivos terrenos de cultivo e maninhos, ofereceu a Companhia construtora da barragem, nada mais nada menos que 20.741.607$00, o que equivale a 5 escudos por metro quadrado, incluindo as casas.

Mas, enfim, chegou o momento da fuga e não houve tempo a perder. Cada um procurou levar consigo tudo o que pôde. Os telhados desaparecem de dia para dia. Apenas ficaram as paredes nuas...

A própria imagem do Crucificado foi transportada para a aldeia vizinha, para nunca mais voltar a Vilarinho.

Os turistas levaram os seus carros até à aldeia, pela primeira e última vez, através de um estradão que os próprios moradores tiveram que fazer.

Os artistas fixaram na tela as últimas recordações. Vilarinho transformou-se num monte de ruínas.

Amortalhada num espesso manto de neve, Vilarinho ficou pronta para ser coberta pelo mortífero lençol de água.

Os habitantes de Vilarinho estão agora dispersos pelas mais variadas terras dos concelhos de Braga, Viana do Castelo, Ponte da Barca, Ponte de Lima,

Barcelos, Vieira do Minho, Terras de Bouro, etc., etc., onde encontraram novas gentes, novos costumes.

Da vida e recantos da aldeia comunitária não resta mais que um sonho. Sonho que é continuado no Museu Etnográfico de Vilarinho da Furna, construído com as próprias pedras da aldeia comunitária, e que se espera venha a ser um importante Centro de Cultura (15).

6.- Para a Valorização do Património Comunitário de Vilarinho da Furna

Apesar da destruição da aldeia, que ocasionou a dispersão da população, a morte transformou-se no princípio de uma vida nova para os Desenraizados de Vilarinho da Furna.

Os anos passaram e, hoje, essa população está organizada n'**AFURNA — Associação dos Antigos Habitantes de Vilarinho da Furna**, criada em Outubro de 1985, que tem por objectivo a defesa, valorização e promoção do património cultural, colectivo e/ou comunitário do antigo povo de Vilarinho.

Esse património de Vilarinho é fundamentalmente constituído pelas componentes histórico--cultural e sócio-económica. Daí as tarefas e/ou acções a desenvolver nas áreas da cultura, da formação, da investigação científica e do desenvolvimento económico-social. O que trará consigo, além do mais, a criação de um pólo de desenvolvimento regional, com incalculáveis benefícios para o próprio país.

6.1.- Acção Cultural e Científica

A aproximação do termo da construção da barragem, nos fins dos anos sessenta, levou-me a estabelecer um programa de salvaguarda do seu património cultural, já então mundialmente conhecido. Daí surgiu a ideia da construção do Museu Etnográfico de Vilarinho da Furna. Vários anos se passaram, e o Museu, feito com pedras da aldeia submersa, está finalmente construído, pela Câmara Municipal de Terras de Bouro, segundo projecto dos Arq.ºs Rosado e Delimra Correia, a escassos Kms da antiga povoação de Vilarinho. A inauguração do edifício foi feita pelo então Primeiro Ministro, Prof. Doutor Cavaco Silva, em 14 de Maio de 1989.

Nesse Museu pretende-se, principalmente, documentar a vida de Vilarinho da Furna, nas suas semelhanças e diferenças com a dos outros povos da região. E fazer dele um Centro Cultural polivalente, com as necessárias infraestruturas para o desenvolvimento cultural e científico, ao serviço das populações da região em que se insere. O que implica, antes de mais, o equipamento do próprio Museu.

Dado o estado em que a generalidade dos materiais etnográficos se encontra, devido às deficientes condições em que estiveram antes, durante cerca de 20 anos, é necessário proceder, com toda a brevidade, ao tratamento e/ou restauro das colecções existentes. O que implicará um tratamento local, nos casos em que isso for possível, ou um tratamento em laboratórios da especialidade.

Além da exposição permanente, deverão ser organizadas, no Museu, exposições temporárias, quer com as espécies do próprio Museu, quer com outras peças etnográficas e/ou obras de arte. E, para possibilitar a investigação, terá de haver uma Biblioteca e Centro de Documentação, com os indispensáveis Meios Audiovisuais.

Como, nas instalações do Museu, vão funcionar a sede d'AFURNA e um Bar etnográfico, que fomentará a gastronomia regional, prevê-se também o respectivo equipamento.

Uma vez completada essa primeira fase, deverá proceder-se a uma ampliação das colecções existentes, com novas recolhas a ser levadas a efeito entre os antigos habitantes de Vilarinho da Furna e em todas as povoações do concelho de Terras de Bouro.

Nas dependências do Museu, em Pavilhões a construir, poderão funcionar Escolas de Artesanato local e de Formação Técnicoprofissional.

Por outro lado, há necessidade de continuar a estudar cientificamente a documentação etnográfica existente, bem como avançar com a pesquisa arqueológica, histórica, económica, bioló-gica, demográfica, etc., da região.

E, com a organização regular de palestras, colóquios, seminários, congressos, far-se-á do Museu Etnográfico de Vilarinho da Furna uma verdadeira instituição cultural e científica, ao serviço da sociedade em que se insere, nesta zona que bem carece de fomentar um coerente desenvolvimento regional, ao serviço das popu-lações que aí habitam.

6.2.- Acção Económica

Apesar de fortemente afectado com a barragem, o património de Vilarinho da Furna ainda conta com cerca de 3000 hectares de terrenos, dispersos pelas serras da Amarela e do Gerês. São terrenos comunitários que, devido às lutas contra as investidas dos Serviços Florestais, desde finais do séc. XIX, acabaram por se transformar numa propriedade privada dos descendentes dos outorgantes, naturais de Vilarinho, que constam de uma escritura de aforamento dos respectivos terrenos, feita pela Câmara Municipal de Terras de Bouro em 17 de Agosto de 1895.

Neste momento, é preocupação dos antigos moradores de Vilarinho da Furna proceder a um aproveitamento integral desse património. Para o que se prevê:

- A reflorestação dos referidos terrenos, sitos na serra Amarela;
- A criação de uma reserva faunística;
- Um aproveitamento turístico que defenda e valorize o património ecológico existente.

A reflorestação da serra considera-se uma tarefa prioritária. De facto, além de ter uma escassa cobertura vegetal, está constantemente sujeita a fogos e a uma intensa erosão. Por isso se prevê, além da plantação com espécies nativas, a criação de infra-estruturas adequadas, a limpeza e vigilância sistemáticas.

A par da reflorestação, procurar-se-á criar condições para um natural desenvolvimento das espécies faunísticas típicas da região, a partir da reconstituição dos seus *habitats*. Nomeadamente para protecção e desenvolvimento do javali, do corço, espécie já muito rara no nosso país, da raposa, do texugo, do gato bravo, da perdiz, da águia real, entre outras.

Dentro dessa área, pretende-se também fazer a criação, selecção e apuramento do garrano ibérico, raça cavalar primitiva, em risco de perder a sua pureza devido a uma miscigenação com outras raças de cavalos que proliferam na região. O garrano, provavelmente cá introduzido pelos Búrios no séc. V da nossa era, perfeitamente adaptado às condições agrestes da região, é um valor genético nacional que urge preservar.

Esta região montanhosa, revestida de uma flora apropriada, com várias espécies melíferas, constitui uma zona de excelência para a apicultura. O fomento da apicultura, baseado em métodos modernos, em que as colmeias substituirão os velhos cortiços, constituirá uma importante fonte de rendimentos, de colocação garantida junto dos turistas que, durante quase todo o ano, afluirão à região, se nela encontrarem condições.

Toda a área em questão, a preservar como reserva turística e ecológica, tem de ser defendida. Por isso deve ser convenientemente vedada, para se evitarem os rebanhos de caprinos, destruidores da vegetação, e de outros elementos perturbadores, como os caçadores furtivos e o turismo selvagem.

Para evitar o turismo selvagem, já bastante praticado na região, serão criadas as necessárias infraestruturas, numa das extremidades da reserva. E os turistas deslocar-se-ão pela serra, em passeios, a pé ou a cavalo, com ou sem guias. Os percursos serão convenientemente estudados, e divulgados os itinerários mais interessantes e recomendáveis.

Para os turistas que fizerem maiores deslocações, haverá abrigos de montanha, devidamente sinalizados, onde será possível pernoitar, perfeitamente integrados na paisagem e fiéis aos tipos de construção originária dos povos da região.

Poderá ser necessário estabelecer zonas de reserva integral, onde será completamente vedado o acesso de pessoas, para que não se perturbem as espécies e *habitats* que careçam de maior tranquilidade.

A reserva terá que ser provida do número de guardas e guias necessários para o seu bom funcionamento, tanto durante a época de mais intensa utilização — fim da Primavera a princípio do Outono —, como durante o resto do ano, no Inverno, protegendo a área dos caçadores e intrusos, e fiscalizando toda a zona.

Nos terrenos comunitários de S. João do Campo, em ligação com os terrenos de Vilarinho, sitos na Serra do Gerês, há condições excelentes para o desenvolvimento da pastorícia de gado bovino, ovino e caprino, além de outras espécies domésticas. O que, aliado à agricultura regional, e à pesca de truta, na albufeira de Vilarinho, permitirá o desenvolvimento do gastronomia da região.

O artesanato local, para o que se prevê a criação de uma oficina, nas dependências do Museu Etnográfico de Vilarinho da Furna, passará também a ter a sua procura, o que garantirá mais postos de trabalho.

Por tudo isso, estamos em crer que o conhecimento e divulgação do Mundo Rural desta região trará a sua promoção, levando os habitantes a conservarem os seus valores culturais, ao mesmo tempo que incentivará as populações locais a permanecerem na região, quando aí puderem encontrar postos de trabalho minimamente condignos. A melhoria das condições económicas acarretará a melhoria das condições de vida.

A implementação deste projecto, nas suas diversas componentes, reveste-se de singular interesse. De facto, trata-se de um projecto integrado, que transformará esta zona num importante pólo de desenvolvimento regional sustentável, com inestimáveis benefícios, não apenas para as populações aí residentes, mas para o próprio país, com inegáveis repercussões internacionais.

7.- À Guisa de Conclusão

O meio rural, com o seu tradicional modo de vida, está hoje seriamente ameaçado por toda a Europa. A destruição, pura e simples, da aldeia comunitária de Vilarinho da Furna é disso um exemplo típico. Mas, parte do seu património conseguiu sobreviver. É esse mesmo património que nos propomos salvaguardar e valorizar. Protegendo a natureza, desenvolvendo a cultura e a ciência, criando postos de trabalho, melhorando as condições de vida das populações locais. No interesse do nosso povo. Para benefício do país.

NOTAS

(1) Orlando RIBEIRO, in Prefácio ao livro de Jorge DIAS, *Vilarinho da Furna - Uma Aldeia Comunitária,* Instituto para a Alta Cultura, Centro de Estudos de Etnologia Peninsular, Porto, 1948, p. XII.

(2) Cf. Jorge ALARCÃO, *O Domínio Romano em Portugal,* Publicações Europa-América, Mem Martins, 1988, p. 14, fig. 2.

(3) Cf. A. Martins AFONSO, *História da Civilização Portuguesa,* 7ª Edição, Porto Editora, Ldª, Porto, pp. 22-25.

(4) Cf. Idem, in *op. cit.,* p. 40.

(5) Cf. Idem, in *op. cit.,* p. 41.

(6) Sobre os Búrios, cf. Domingos Maria da SILVA, *De Buricis (Acerca dos Búrios),* Braga, 1982; *Os Búrios,* Terras de Bouro, 1988. Foi Domingos Maria da Silva, meu prezado amigo, de saudosa memória, que, a partir de uma ara votiva achada em Carrazedo de Bouro, em 14 de Abril de 1973, identificou os Búrios como um dos mais importantes povos que passaram por esta região.

(7) Jorge DIAS, "Problemas e Métodos em Estudos de Comunidade", in *Ensaios Etnológicos,* Junta de Investigações do Ultramar, Centro de Estudos Políticos e Sociais, Estudos de Ciências Políticas e Sociais, nº 52, Lisboa, 1961, pp. 51-52.

(8) M. LINK, *Voyage en Portugal depuis 1797 jusqu'en 1799,* (traduit de l'Allemand), tomo II, Paris, 1803, pp. 29-31, cit. por Jorge DIAS, in *Vilarinho da Furna - Uma Aldeia Comunitária,* Instituto para a Alta Cultura, Centro de Estudos de Etnologia Peninsular, Porto, 1948, pp. 9-10.

(9) Cf. Maria da Conceição R.P. CAPELA; José V. CAPELA, "A gestão do património e actividades económicas nas comunidades agro-pastoris da serra do Gerês. (Perspectivas dos regimentos dos séculos XVIII e XIX)", in *Terras de Bouro - O Homem e a Serra,* Série Cadernos de Cultura, Ed. da Câmara Municipal de Terras de Bouro, 1992, pp. 92-111.

(10) Alexandre HERCULANO, "Breves reflexões sobre alguns pontos da economia agrícola", in *Opusculos,* Lisboa, 1949, t. VII, p. 83, cit. por Manuel RODRIGUES, in *Os Baldios,* Ed. Caminho, Lisboa, 1987, p. 38.

(11) Cf. Alvarás de 27 de Novembro de 1804 e de 11 de Abril de 1815; Código Administrativo de 1842; Leis de 26 de Julho de 1850, de 26 de Agosto de 1869, etc.

(12) Cf. Rev. *Ilustração Portuguesa,* 1908.

(13) Preâmbulo do Decreto nº 187/71, de 8 de Maio.

(14) Cf. Dr. José António ARAÚJO, "Prefácio" ao livro de Domingos Maria da SILVA, *Os Búrios,* Terras de Bouro, 1988, p. 8.

(15) Cf. Manuel de Azevedo ANTUNES, *Vilarinho da Furna - Uma Aldeia Afundada,* A Regra do Jogo Edições, Lisboa, 1985.

Atentos os objectivos desta Colecção, este texto constitui uma síntese de vários trabalhos do Autor sobre Vilarinho da Furna e a Peneda-Gerês.

www.ingramcontent.com/pod-product-compliance
Lightning Source LLC
Chambersburg PA
CBHW060348290526
45791CB00004B/1578